STILLE STIMMEN, LEISE BILDER

Helmut Amann

STILLE STIMMEN, LEISE BILDER

Melancholie in Versen und Farben

Bibliografische Information der Deutschen Nationalbibliothek
Die Deutsche Nationalbibliothek verzeichnet diese Publikation in der Deutschen Nationalbibliografie; detaillierte bibliografische Daten sind im Internet über http://dnb.d-nb.de abrufbar.

Verlag: BoD · Books on Demand GmbH,
In de Tarpen 42, 22848 Norderstedt, bod@bod.de
Druck: Libri Plureos GmbH, Friedensallee 273, 22763 Hamburg

ISBN: 978-3-7693-3011-3

Inhalt

Verschieden 7

Ich und Du 9

Wir 11

Liebe 12

Rosenworte 13

Versprechen 14

Macht 15

Ohnmacht 17

Gefangen 18

Meer 20

Bei Dir 22

Ver-rückt 24

Pfauen 25

Frühe Rosen 27

Industriegesellschaft 28

Schimäre 30

Blau in Blau 31

Inkognito 32

Endlösung 34

Verschieden

Und unterm Weihnachtsbaum verglimmt die Liebe:
Funke, Flamme, Flackern, Frost.
Gefühle sickerten durch Siebe.
Und aus dem Weinfass rinnt der Most.
Und aus den kahlgewordnen Räumen
Schleicht scheidend sich die Zweisamkeit
Und anlasst zu bewussten Träumen
Von einer unbewussten Zeit.

Winterlandschaft – Aquarell

Ich und Du

Hast du
Jemals Ja zu dir gesagt?
Hast du
Zu träumen je von dir gewagt?
Nun weiß ich's: Nie!
Das, was du selbst
Nicht glaubtest, was
Du bist,
Das hofftest du
Bei mir zu finden,
Nicht wissend, dass der Liebe Nahrung Geben ist.
Auch – und vor allem: Dir!
Und nicht nur unter grünen Linden.
Ich fühlte dich nur immerzu
An meinem Herzen pochen.
Dass Du nie Ja gesagt zu Dir,
Daran ist sie, die keine war,
Es gab ein Du – kein Ich, kein Wir –
Zerbrochen.

Wohin? – Kreidezeichnung

Wir

Ich
Ich will!
Ich will alles für mich.
Alles für mich?
Will ich?
Ich – Und Du?

Du
Du bist!
Du bist alles für mich.
Alles für mich?
Bist Du?
Du – Und Ich?

Liebe

Lieb
Liebe
Liebe ist
Liebe ist alles
Fühlt die Mutter, wiegend ihr Kind.

Lieb
Lieber
Liebster
Liebe ist alles
Dachte das Mädchen, flüsternd im Wind.

Liebster
Lieber
Lieb
Liebe ist alles?
Fragt die Frau, sehend, doch blind.

Liebe. Wer weiß?

Im Wörterbuch steht *Liebe*:
Ersatzlos gestrichen, s. *Verstehn*.

Rosenworte

Konkaves Blütenblätterlabyrinth,
Du Ausbund emotiver Symmetrie!
Dein Duft rauscht wie Absinth.
Gelingen wird es nie,
Dich, Schönste, zu beworten:
Synästhesie!

Wo immer Menschen Menschen sind,
Wo Seelen rein sind wie ein Kind,
Da werden Rosen überborden.
Da taugt die Sprache nicht.
Du liebst mit Rosenworten.

Versprechen

Du rührst mich an wie Staub die blanken Flächen,
Der scheinbar sich im Sonnenlicht gebiert,
Gleichst du dem Fisch, der spielend in den Bächen
Sich in bewegter blauer Einsamkeit verliert.

Du rührst mich an wie Staub die blanken Flächen,
Der scheinbar sich in goldnen Gärten wiegt,
Bist du Phantom und wähnst die Macht zu brechen,
Bis sie besiegt in Sack und Asche liegt.

Du rührst mich an wie Staub die blanken Flächen,
Der tändelnd scheinbar aus den weiten Sphären tropft.
Bist du nur Süße, die die Bienen stechen,
Und endlich trunken auf den Boden klopft.

Macht

Im Regen
Steht
Eine Gruppe
Von Bäumen.
Die haben
Viele
Äste, Zweige und Blätter.
Von diesen
Fallen
Die Tropfen
Auf einen
Definierten Kreis.

Was aber geschieht,
Wenn
Ein Windstoß
Das Gefüge
Erschüttert?

Seenlandschaft – Aquarell

Ohnmacht

Nachts
Werden
Stählerne Streben
Elastisch.
Blindheit
Gestattet
Nicht,
Hinter das Gitter
Zu
Greifen.

Gefangen

Enge schwere Streben durchschneiden seinen Blick.
Allein die Sonne bleibt sein treuer Freund.
Das Bild vom Draußen wird zum Mosaik.
Nur manchmal ist er glücklich: wenn er träumt.

Schwarze Äste drohen vor den Streben.
Die Sonne wirft ihr Gitter an die Wand.
Bei leisem Wind beginnen sie zu beben.
Und drinnen tränt ein Herz, das niemand fand.

Gewitterlandschaft – Aquarell

Meer

Blaue Fläche – ungeheuer!
Und der Himmel ist so weit.
Nur die Sonne, gleich dem Feuer,
Durchbricht bewegte Einsamkeit.

Meer – Aquarell

Bei Dir

Tod lebt.
Und Verwandlung scheint Heimat.
Manchmal
Bricht ein Schrei die Nacht.
Dann:
Fällt der Boden ins Meer,
Stehen auf den Lippen
Tiefe Gedanken.
Manchmal nur
Weißt Schwärze den schwarzen Vogel.
Seltsam selten
Bist du
Bei dir.

Winterwald – Öl auf Holz

Ver-rückt

Ich ging vernünftig, aber
Traurig durch die Welt.
Da hab ich mich verändert.

Ich schwebte verwandelt, aber
Glücklich durch die Zeit.
Da hab ich mich verliebt.

Ich flog vertrauend, aber
Blind gen Himmel.
Da hab ich mich verloren.

Ich fiel verletzt, aber
Ganz auf den Boden.
Da war ich verzweifelt.

Ich war verrückt, aber
Dennoch am Leben.
Da dachte ich wieder vernünftig.
Gedanke – Genuss – Gefahr – Gefallen – Gewissen.
Genug!

Pfauen

Erinnerst du noch jene scheinbar unbeschwerten Tage,
Wo das Bouquet des Weins der Lippe Freundeswort gebar?
Geblendet warst du von dem Glanz der Sage,
Ertränktest trunken Zweifel und Gefahr.

Sie drohten unversehens dann, die Wolken dunkler Tage.
Du dachtest nur: Die werden schon vergehn.
Und wähntest Ich und Du in wunderbarer Waage.
Sie aber wollten sich im Spiegel sehn.

Und als der helle Tag dich hat geboren
Auf einen Hort im blauen Blütenmeer
Da plötzlich standen sie verschworen.
Der Freundschaft Flügel trogen schwer.

Nahende Gewitterwolken – Öl auf Leinwand

Frühe Rosen

In taumelnden Düften schwebtest du,
Gelehnt an Watte um den Stachelstrauch.
Tausendundeinem Sonnenspiele sahst du zu
Und atmetest der Rosen Rosenhauch.
Und merktest nicht: Die Zeit vergeht,
Dass schon die kleinsten Blüten brachen,
Auch nicht den Schatten auf dem Blumenbeet.
Erst als die Stacheln durch die Watte stachen,
Erwachtest du.
Jetzt magst du keine Rosen mehr?

Industriegesellschaft

Am Rande:
Aufgeschossenes Schilf.
Daneben: gelbbraune Wogen.
Die branden dich zu ihr
Hin.
Das macht dich klappern:
Dein verlorenes
Ich.
Schwarzdrohend,
Gleich Soldaten an der Front:
Steinerne Giganten
Rußgeschwärzt,
Oft fensterlos.
Monoton.
Beklemmende Enge
Hallt
Im steinernen Kanal.
Mittags:
Ein paar Minuten
Heller Schimmer
Auf schmutzigem Asphalt.
Beziehungsloses Treiben.

Einsam.
Wesen, wirklich ohne Schatten?
Irgendwo
Im Schacht: ein dürrer Baum,
Blätterlos.
Knöcherne Finger starren
Ins verbannte Blau.
Giganten an der Front.
Stattdessen: Reklame:
Die Mich macht's!
Aber wo sind
    Der Klee,
    Die Wiesen,
    Das Grün,
    Das Blau?
Vox Rindvieh?
Vox populi!

Schimäre

In einer Großstadt gleißenden Schimäre
Geht er berauscht und wähnt sich frei,
Packt ihn der Werbung volle Leere.
Und lähmt ihn mit vermeintlich goldnem Blei:
Kauf dir die Lösung menschlicher Probleme!
Hast du dein Glück doch selber in der Hand!
Die Qualität verbürgen dir Embleme.
Mach doch mal Urlaub! Buche Strand!
Kauf dir ein Auto, reise in die Ferne!
Ersteh in Rosaräumen Sorgenfrei!
Geh ins Kino! Sieh den Krieg der Sterne!
Rauch eine Camel! Fühl dich wohl dabei!

Was aber, wenn ihn Ängste plagen?
Des Lifaß Lächeln lässt ihn allein. – Es streikt.
Er fasst es nicht: Die Werbe–Spotts versagen.
Das Du der Liebe
Schweigt.

Blau in Blau

Und
Überall –
Auch dort!
Wuchten
Sie
Metall
In den Kelch.
Die blauen Blüten
Müssen spreizen
Auf
Schwankender Säule.
Keine
Schwertlilie mehr!

Inkognito

Endlich weg von Sorg und Plage
Der hochgestressten Arbeitswelt.
Vorbei die Pflicht für ein paar Tage,
Da einmal keine Leistung zählt.

Denkste! Und die Imagepflege?
Sie reißt dich sofort zurück.
Allzu beschränkt sind doch die Wege,
Es bleibt nur Pseudourlaubsglück.

Weil der Maier von daneben
Heuer nach Italien fährt,
Muss Müller doch nach Rhodos streben,
Wär sonst sein Image doch zerstört!

Und warum denn im Lande reisen?
Kennt jeder doch sein eigen Land.
Das fremde, weite gilt's zu preisen!
Armes Deutschland! Dein See, dein Strand?

Wer immer reist zu Fremdem hin,
Ist vor sich auf der Flucht,
Aus Angst vor den Erkenntnissen,
Wenn man sich selber sucht?

Süden – Aquarell

Endlösung

Weit durch erstarrte Gitter schwarzer Bäume
Beschatten Sonnenflächen den Bovistenpark.
Bewusstlos treiben sanfte Cäsiumträume
Plutonium in verbrannter Erde Mark.

Gefügig strahlen stumme Marionetten
Endlagernd kreatürliches Skelett.
Indes sich GAUkler räkeln in entsorgten Betten
Vorm letzten Tanz auf Becquerels Parkett.